AF258319

L'EMPEREUR ALEXANDRE Ier

EN PRÉSENCE

DU CONGRÈS DE PARIS.

« Il n'y a point de droit contre le droit. »
ROYER-COLLARD.

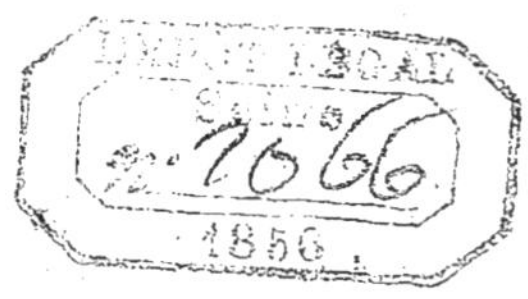

PARIS,

H. DUMINERAY, LIBRAIRE-ÉDITEUR,
52, RUE RICHELIEU, 52.

—

1856.

PARIS,

IMPRIMERIE FRANÇAISE ET ANGLAISE DE E. BRIÈRE ET Cᵉ,

RUE SAINTE-ANNE, 55.

L'EMPEREUR ALEXANDRE Ier

EN PRÉSENCE

DU CONGRÈS DE PARIS.

« Il n'y a point de droit contre le droit. »
ROYER-COLLARD.

Avant d'aborder un sujet qui touche aux plus graves intérêts du moment, qu'il nous soit permis de développer, le plus brièvement possible, la pensée qui nous l'a imposé.

Au moment où le congrès de Paris va prononcer un arrêt suprême, peut-être un arrêt de mort contre la Pologne, il est à peu près inutile de s'appuyer sur des considérations générales, pour plaider en faveur de la nécessité de sa reconstruction. Cette thèse a été traitée si souvent et si victorieusement, qu'elle nous semble en dehors de toute contestation : si elle a encore des adversaires, ce n'est que parmi les hommes de mauvaise foi, dont il est inutile de se préoccuper.

Nous nous proposons de mettre en opposition deux époques à peu près analogues, dont l'une, peu éloignée encore, est cependant à moitié oubliée.

1815 et 1856 ! Ces deux dates sont-elles destinées à amener les mêmes déceptions et les mêmes inconséquences !

Nous citerons des paroles et des actes officiels : on verra ce que le souverain absolu d'un vaste Empire fit, en 1815, en fa veur d'une nation qu'il avait combattue sur tous les champs de bataille de l'Europe, et que le sort des armes lui avait livrée sans conditions. On appréciera le langage qu'il lui tint, et l'opinion qu'il énonça à son sujet.

Cette même nation aujourd'hui délaissée et oubliée, est en butte à la médisance et à la calomnie.

Cette comparaison et ce rapprochement pourront être d'un enseignement beaucoup plus utile que ne le seraient les raisonnements les plus spécieux : car les faits sont souvent plus éloquents que les idées. Ceux qui prétendent que pour revivre, la Pologne a besoin de *ressusciter les morts et tuer les vivants ;* ceux qui traitent les Polonais d'anarchistes et de révolutionnaires, apprendront enfin avec quel sourire de dédain leurs diatribes ignorantes sont lues et jugées, par les gens bien pensants et bien informés.

Il nous reste à faire quelques réserves personnelles, que nous croyons nécessaires, pour nous mettre à couvert de toute fausse interprétation et de toute équivoque.

Le droit que possède une nation à son indépendance, est, à nos yeux, un droit sacré, inviolable, inscrit à côté de celui de la famille et de la propriété, et qui en est, pour ainsi dire, la plus haute expression et le complément. Nous sommes donc pour le *droit absolu* en fait de nationalités, et nous ne pouvons admettre aucune transaction à ce sujet.

Nous avons toujours protesté, et nous protesterons toujours contre les actes du Congrès de Vienne, et contre l'esprit qui les a animés : si donc nous nous transportons momentanément sur un terrain qui n'est pas le nôtre, ce n'est ni pour adopter les principes de la Sainte-Alliance ni pour en accepter et en reconnaître les développements : notre seul but est de prouver, par des textes officiels, que même en prenant ces traités pour point de départ, la Pologne a encore beaucoup à réclamer.

Nous ne voulons pas, non plus, déprécier l'époque actuelle, ni grandir l'empereur Alexandre Ier : la postérité jugera tout le monde à sa juste valeur. Ce qui nous importe, c'est le sort de la Pologne : seule elle nous intéresse, et c'est elle seule que nous voulons mettre en cause.

Ces réserves une fois admises, nous tâcherons de ne plus interrompre notre récit.

On sait que l'acte du Congrès de Vienne, signé le 9 juin 1815, commence par un nouveau partage de la Pologne : le début donne la mesure du reste. — Quatorze articles (du n° 1 au n° 14) sont exclusivement réservés à faire l'inventaire de cette spoliation.

Les garanties accordées aux Polonais se bornent à quelques phrases isolées : l'empereur Alexandre les voulait plus étendues, mais il dut céder devant les représentations de son entourage et les conseils des puissances amies.

L'art. 1ᵉʳ dit : « Le duché de Varsovie....... est réuni à l'empire de Russie. — Il y sera lié irrévocablement *par sa constitution*..... S. M. I. se réserve de donner à cet Etat, *jouissant d'une administration distincte*, l'extension intérieure qu'elle jugera convenable. . . . .

. . . .

Les Polonais, sujets respectifs de la Russie, de l'Autriche et de la Prusse, *obtiendront une représentation et des institutions nationales*, etc. »

L'art. 6 assure *l'indépendance* de Cracovie.

L'art. 11 proclame une amnistie générale.

L'article 12 lève tous les séquestres et *confiscations provisoires (sic)* et met fin à tous les procès politiques pendants.

L'article 13 excepte de ces dispositions générales, *à l'égard des confiscations*, tous les cas où les sentences prononcées auraient déjà reçu leur entière exécution.

Malgré ces garanties, les provinces échues en partage à l'Autriche, la Prusse et la Russie, furent incorporées purement et simplement ; seul, le duché de Varsovie, grâce à ses antécédents, conserva sa nationalité.

On sait aussi que l'empereur Napoléon, après avoir créé le duché de Varsovie, le dota (en exécution de l'article V du traité de Tilsitt) d'un statut constitutionnel qu'il signa à Dresde, le 22 juillet 1807. Ce statut octroya à la Pologne une représentation et une armée nationales, un gouvernement héréditaire dans la personne du roi de Saxe, des ministres responsables, un ordre judiciaire indépendant et le Code Napoléon.

L'empereur Alexandre devenu l'arbitre des destinées de l'Europe, respecta l'œuvre de son ennemi vaincu : il sut résister à l'ivresse du triomphe, et n'écoutant que la voix de sa conscience et ses engagements précédents, il s'empressa de reconnaître des droits qu'il proclama lui-même inviolables.

Au lieu de déchirer et de fouler aux pieds la constitution de 1807, l'empereur Alexandre l'étendit et l'améliora : il maintint le Code Napoléon, et ajouta la liberté de la presse à toutes celles dont jouissait la Pologne, depuis la reconstruction du duché de Varsovie.

Nous avons dit que des engagements personnels avaient influé sur la détermination de l'empereur Alexandre : à l'appui de cette assertion, nous citerons une lettre qui jetera une vive lumière sur des circonstances inconnues jusqu'à présent : plus d'un gouvernement pourra en tirer son profit.

L'original a été entre nos mains ; nous n'en avons extrait que ce qui se rapportait directement à notre sujet.

Voici la lettre (1) :

Pétersbourg, le 31 janvier 1811.

........» Ce sont là les points auxquels je crois devoir commencer par répondre, me réservant de toucher les autres dans le courant de ma lettre.

1° La puissance dont j'ai voulu parler, *et qui veut se charger de la régénération de la Pologne*, c'est la Russie ;

2° Par cette régénération, j'entends parler *de la réunion de tout ce qui a fait autrefois la Pologne, en y comprenant les provinces russes*, à l'exception de la Russie Blanche, *de manière à prendre la Dwina, la Bérésina et le Dniéper pour frontières* ;

---

(1) Cette lettre, écrite toute entière de la main de l'empereur Alexandre à un homme dont il honorait les sentiments, et qui avait toute sa confiance, a été interceptée par un gouvernement étranger, et s'est trouvée, par un second abus de confiance, détournée de sa destination primitive. Nous ne croyons pas commettre une indiscrétion en la publiant, car les détails qu'elle contient appartiennent de droit à l'histoire.

3° Les employés du gouvernement, les autorités constituées, de même que l'armée, doivent être entièrement nationaux polonais ;

4° Ne me rappelant pas bien de la constitution du 3 de mai, je ne puis rien décider avant de l'avoir vue, *et je vous prie de me l'envoyer*. Dans tous les cas, une constitution libérale telle à contenter les désirs des habitants, est offerte ;

5° Pour convaincre *de la sincérité des offres que je fais*, les proclamations sur le rétablissement de la Pologne doivent précéder toute chose, et c'est par cette œuvre que l'exécution du plan doit commencer ;

6° Mais les conditions *sine quâ non* sous lesquelles j'offre ces résultats, sont que :

1° Le royaume de Pologne soit à jamais réuni à la Russie, dont l'empereur portera dorénavant le titre d'empereur de Russie et de roi de Pologne ;

2° Une assurance formelle et positive d'une unanimité de dispositions et de sentiments dans les habitants du duché, pour produire ce résultat, *qui doit m'être garanti par la signature des individus les plus marquants* ;

» Maintenant, je vais essayer de diminuer vos craintes sur l'insuffisance des moyens militaires qu'on a à mettre en action.

(Suit le dénombrement de ces moyens.)

. .   .   .

» Deux difficultés se présentent les premières.

» I. *La réunion de la Gallicie en offre une par rapport à l'Autriche.*

» Il y a toute nécessité à la ménager et à éviter à la heurter en rien. Pour cet effet, *je suis décidé à lui offrir la Valachie et la Moldavie jusqu'au Seret*, comme échange de la Gallicie. Mais il serait indispensable de reculer la réunion de la Gallicie jusqu'au consentement de l'Autriche, pour lui prouver qu'on n'a aucunes vues qui lui soient défavorables. Par conséquent, le royaume de Pologne serait formé, dans le commencement, du duché de Varsovie *et des provinces russes*.

» II. La compensation à accorder au roi de Saxe offre une

seconde difficulté, *dont j'ai plus d'embarras à me tirer*. Au reste, je ne me crois tenu à le faire que s'il se range de mon parti.

» Après avoir posé ces faits, je vais entrer en discussion de mon sujet.

» Il est hors de doute que Napoléon tâche de provoquer la Russie à une rupture avec lui, *espérant que je ferais la faute d'être l'agresseur*. Cela en serait une dans les circonstances actuelles, et je suis décidé à ne pas la commetre.

Mais tout change de face si les Polonais veulent se réunir à moi. Renforcé par les cinquante mille hommes que je leur devrais, par les cinquante mille Prussiens qui alors peuvent sans risque s'y joindre, de même et *par la révolution morale* qui en sera le résultat immanquable en Europe, je puis me porter jusqu'à l'Oder sans coup férir. . . . . . .

. . . .

» Si la guerre doit avoir lieu, considérons avec attention et impartialité les deux cas, et les avantages ou désavantages qui en résultent pour les Polonais.

PREMIER CAS.

» Dans lequel je suppose les Polonais attachés à la France et coopérant avec elle.

» Il se subdivise en deux.

» I. La Russie étant décidée à ne pas attaquer, il se peut que Napoléon ne voudra pas commencer, du moins tant que les affaires d'Europe l'occuperont et qu'une grande masse de ses moyens s'y trouve engagée.—Alors les choses continueront à rester sur le pied sur lequel elles se trouvent maintenant, et la régénération de la Pologne conséquemment se trouvera ajournée à une époque plus éloignée et très-indéterminée.

» II. Si Napoléon attaque, par contre, la Russie *et proclame en même temps la régénération de la Pologne*, cette Pologne ne comprendra que le duché de Varsovie, car il faudra arracher les provinces russes par la force des armes. En attendant, le duché de Varsovie et les provinces polonaises deviendront le théâtre de la guerre et de toutes les dévastations imaginables.

« Tel est le résultat probable de la Pologne proclamée par la France !

SECOND CAS

» *Dans lequel je suppose les Polonais réunis à la Russie et coopérant avec elle.*

» Les résultats immanquables en sont :

» 1° *La régénération de la Pologne au lieu d'être ajournée, précédera tout autre événement.*

» 2° Cette régénération comprendra le duché de Varsovie, *réuni avec les provinces russes, et un espoir assez positif, que la Galicie y sera jointe de même.*

» 3° Le théâtre de la guerre, au lieu d'être dans le sein de la Pologne, se trouvera porté sur l'Oder.

» Tels sont les résultats *immanquables*, tandis que les résultats *probables* peuvent être :

» 1° Une révolution complète dans les opinions de l'Europe ;

» 2° Une diminution très-remarquable dans les forces de Napoléon, et par là, une chance de succès. . . . .

. . . . . . , ... , ...

» 3° *La délivrance du joug sous lequel l'Europe languit* ;

» 4° La Pologne redevenue royaume, état, annexée à un empire fort, dont les ressources et les richesses s'amalgameront avec les siennes, et dont les forces, par propre intérêt, seront toujours prêtes pour sa défense.

» 5° Le commerce rétabli, la misère éteinte, une constitution libérale, des charges analogues aux besoins du pays, et non *comme dans ce moment, extorquées uniquement pour entre tenir un militaire trop nombreux,* et destiné à servir les plans ambitieux de Napoléon.

. . . . , .

. . . . , . . »

Il y a encore trois ou quatre pages que nous omettons, le tout est signé, en toutes lettres, *Alexandre.*

Nous nous abstiendrons de tout commentaire ; qu'on lise et qu'on juge : (1) Cet appel à la défection, fait en pleine paix, à

____

(1) A la même époque, en janvier 1811, l'empereur Alexandre disait à

une nation que des liens étroits unissaient à la France, n'é-
tait pas, à vrai dire, parfaitement régulier de la part d'un
souverain ; mais la Pologne devra toujours rendre cette justice à l'empereur Alexandre, qu'il tint dans le bonheur, ce
qu'il avait promis dans l'adversité, et qu'il se refusa à profiter de ses succès pour abandonner ses intérêts.

Sa première idée à Vienne, fut de mettre à exécution le pro-
gramme de 1811. Malgré une vive opposition d'un parti qui
tendait à paralyser ses bonnes intentions, et à annuler tout ce
qui avait été octroyé par les actes mêmes du Congrès en faveur
de la Pologne (1), l'empereur Alexandre persista dans ses projets, et avant même la signature définitive du traité de
Vienne, il adressa un manifeste aux Polonais dont il est bon
de reproduire le texte :

« La guerre, portée jusqu'au sein de notre patrie, pour
consommer l'asservissement du monde, amena la Russie et
l'Europe victorieuses aux portes de Paris. — Nous conçûmes
dès lors l'espoir légitime *de voir l'indépendance des nations
placée sous la sauvegarde des principes de justice, de modération et de libéralité*, que le despotisme militaire avait fait
disparaître du Code civil et politique des Etats.

» Le Congrès de Vienne fut convoqué dans le but de justifier ces espérances.

. . . .

» Mais, pour atteindre ce but salutaire, il était indispensable que chacun subordonnât ses droits et ses intérêts parti-
culiers à celui de l'Europe.....

» C'est d'après ces considérations majeures que le sort de
la Nation polonaise fut arrêté.

M. de Caulaincourt, qu'un de ses griefs contre la France était le refus pé-
remptoire que lui avait fait l'empereur Napoléon de s'engager formellement
à ne pas rétablir la Pologne. (Voyez la conversation qu'il eut à ce sujet, dans
le XIe vol. de M. Thiers, p. 443 et suivantes.) La comparaison est cu-
rieuse.

(1) La profession de foi de ce parti se trouve habilement exprimée dans un
Mémoire présenté à l'empereur Alexandre par le comte Pozzo di Borgo ; ce
Mémoire vient d'être publié dans une brochure intitulée : *Le Congrès de
Vienne et le Congrès de Paris*, par le baron Sirtemo de Grovestins.

» Il s'agissait de *l'admettre de nouveau dans le nombre des nations intéressées, par leur portion de bonheur, à la défense de la cause commune*, et, à cet effet, il fallait lui assurer *la libre jouissance* des biens et des avantages, tant moraux que politiques, *qui constituent l'apanage distinctif et l'objet des vœux des peuples civilisés.*

» Cependant, en travaillant à réorganiser *ce nouvel élément* du système européen, on ne pouvait consulter isolément les intérêts de la Pologne. Il importait, pour le bonheur de chacun, comme pour l'ensemble de ce système, de renoncer à toute combinaison qui eût pu porter atteinte à la sécurité et à l'équilibre général.

» *La saine politique*, l'expérience du passé, la religion même (*qui nous recommandaient d'avoir égard aux longues infortunes d'une nation estimable*), nous imposaient aussi le devoir sacré d'assurer, à tout prix, le repos du monde et d'épargner à l'Europe de nouveaux malheurs.

» Polonais! nous nous sommes plu à *apprécier*, de tout temps, *la noblesse de vos sentiments et la persévérance de vos efforts, qui n'eurent jamais d'autre but que la renaissance d'une patrie que vous chérissez par-dessus tout.* L'ardeur de vos désirs vous écarta souvent de ce but salutaire, et vous le fit chercher par une voie qui ne pouvait y conduire. — Les erreurs et les calamités qui en sont inséparables n'existent plus. Nous y avons toujours opposé, même envers les coupables, un généreux pardon, l'oubli sincère du passé, et le désir d'effacer la trace de vos maux en vous procurant le bonheur.

» Les stipulations du traité que nous venons de conclure à Vienne, déterminent le mode d'existence nationale et les avantages dont vous allez jouir en passant sous notre sceptre.

» Polonais ! de nouveaux liens vous uniront pour toujours à un peuple généreux, qu'une parenté antique, une valeur digne de votre émulation, des intérêts communs, la dénomination glorieuse de nation Slave, feront fraterniser avec vous. Une *union constitutionnelle et irrévocable*, vous attachera aux destinées d'un empire, *trop puissant pour aspirer à s'a-*

*grandir et pour suivre d'autres principes que ceux de la jus-
tice et de la libéralité.*

» Désormais, *votre patriotisme,* éclairé par l'expérience, guidé par la gratitude, *va trouver dans des institutions nationales, un but capable d'occuper toute son activité.* Une constitution adaptée aux localités de votre pays, à votre carac-
tère, *la conservation de votre langue, la gestion des emplois publics,* l'entière liberté du commerce et de la navigation, *la facilité des communications avec les contrées placées sous une domination étrangère, une force armée nationale,* toutes les voies ouvertes au perfectionnement progressif de vos lois, de votre industrie, *à la propagation des lumières parmi vous,* tels sont les avantages dont vous jouirez sous notre sceptre, *ainsi que sous celui de nos successeurs,* et qui cons-
titueront *à jamais l'inaliénable patrimoine dont vous trans-
mettrez la jouissance à vos descendants.*

» Ce nouvel état est érigé en *Royaume de Pologne,* nom désiré que vous appelez depuis longtemps de tous vos vœux, de tous vos efforts, et pour lequel vous avez versé tant de sang.

« Pour aplanir les difficultés qui s'étaient élevées sur la possession de Cracovie, nous avons proposé de constituer cette ville en cité libre et neutre. Cet état, placé sous l'égide protectrice de trois puissances amies, jouira d'un bonheur paisible, en se vouant uniquement aux arts, aux sciences, et au commerce. *Il deviendra un monument de politique libérale, élevé là où planent les souvenirs des belles époques de votre histoire,* et où reposent les cendres de vos meilleurs rois.

» Enfin pour couronner l'œuvre à laquelle le malheur des temps avait opposé tant d'obstacles, il a été stipulé que *la nationalité de vos frères placés sous le sceptre de l'Autriche et de la Prusse, serait garantie* par la sollicitude des gouverne-
ments respectifs.

» Polonais ! il était impossible de pourvoir d'aucune autre manière à votre félicité nationale. *Il fallait vous conserver une patrie* qui ne pût être ni un motif de jalousie, ni un sujet d'inquiétude pour ses voisins, ni une occasion de guerre pour l'Europe. *Tel est le vœu des amis de l'humanité,* et des

Polonais eux-mêmes ; tels étaient les conseils d'une politique éclairée.

» En conséquence des stipulations solennelles du congrès européen réuni à Vienne, et en vertu de la cession de S. M. le roi de Saxe, nous prenons possession des provinces du ci-devant duché de Varsovie, qui nous sont échues par le traité, et nous y établissons un gouvernement provisoire, composé de personnes munies de nos pleins pouvoirs, pour conduire la Nation, sans secousse, vers un ordre de choses stable et constitutionnel, *dont vous avez vous-mêmes contribué à préparer les éléments.*

» Vous recevrez, par l'organe de vos commissaires, l'exposé des avantages que vous assurent les stipulations de Vienne. Vous connaîtrez ceux qui résulteront pour vous de l'union constitutionnelle de votre patrie à notre empire : *Union qui va fixer vos droits, vos destinées, et vos devoirs.*

» A cette fin, nous appelons toutes les classes des habitants, l'armée, et les fonctionnaires publics, à prêter le serment de fidélité, qui sera le gage du dévouement éternel de la nation, et de nos soins paternels à son égard.

» Le premier de tous sera de vous soulager à l'avenir des charges accablantes, que les temps de désastres ont accumulées sur votre patrie. Nous n'en ignorons pas l'étendue, et c'est avec douleur que nous nous sommes vus jusqu'ici dans l'impossibilité de vous y soustraire.

» Polonais ! puisse l'époque mémorable qui a changé vos destinées fixer à jamais vos vœux, vos espérances et vos sentiments ! Puissiez-vous par votre zèle pour la gloire de notre Empire et votre confiance inébranlable en nos intentions, justifier le bienfait de votre existence nouvelle, et vous rendre dignes de l'amélioration progressive de votre sort (1).

» A Vienne, le 13-25 mai 1815.

» Signé ALEXANDRE. »

(1) Il existe dans les Mémoires du temps une autre version de ce manifeste, qui ne diffère de celui-ci que par la rédaction ; l'esprit en est le même. Nous publions la version qui, à juste titre, nous semble être la plus authentique.

A la suite de cette proclamation, le royaume de Pologne fut rétabli, et, six mois après, le 15-27 novembre 1815, la nouvelle constitution polonaise, fondée sur les principes de celle du 3 mai 1791, fut promulguée solennellement.

La première diète fut convoquée pour le 15-27 mars de l'année 1818.

Voici le discours d'ouverture que pronnoça (en français) l'empereur Alexandre devant les deux chambres réunies.

« Représentants du royaume de Pologne,

» *Vos espérances et mes vœux* s'accomplissent. Le peuple, que vous êtes appelé à représenter, jouit enfin d'une existence nationale, garantie par des institutions que le temps a mûries et sanctionnées.

» L'oubli le plus sincère du passé pouvait seul produire votre régénération. Elle fut irrévocablement décidée dans ma pensée, du moment que j'ai pu compter sur les moyens de la réaliser.

» Jaloux de la gloire de ma patrie, j'ai ambitionné de lui en faire cueillir une nouvelle.

» La Russie, en effet, à la suite d'une guerre désastreuse, en rendant, d'après les préceptes de la doctrine chrétienne, le bien pour le mal, vous a tendu fraternellement les bras ; et parmi tous les avantages que lui donnait la victoire, elle en a préféré un seul, *l'honneur de relever et de restaurer une nation vaillante et estimable.*

» En y contribuant, j'ai obéi à une conviction intérieure, puissamment secondée par les événements : j'ai rempli un devoir prescrit par elle seule, qui n'est que plus cher à mon cœur.

» L'organisation qui était en vigueur dans votre pays a permis l'établissement immédiat de celle que je vous ai donnée, en mettant en pratique *les principes de ces institutions libérales,* qui n'ont cessé de faire l'objet de ma sollicitude, *et dont j'espère,* avec l'aide de Dieu, *étendre l'influence salutaire sur toutes les contrées que la Providence a confiées à mes soins.*

» Vous m'avez ainsi *offert les moyens de montrer à ma*

patrie ce que je prépare pour elle dès longtemps, et ce qu'elle obtiendra lorque les éléments d'une œuvre aussi importante auront atteint le développement nécessaire.

» Polonais ! revenus, comme vous l'êtes, des funestes préventions qui ont causé tant de maux, c'est à vous à consolider votre renaissance. Elle est indissolublement liée aux destinées de la Russie : c'est à fortifier cette union salutaire et protectrice que doivent tendre tous vos efforts. *Votre restauration est définie par des traités solennels : elle est sanctionnée par la charte constitutionnelle. L'inviolabilité de ces engagements extérieurs et de cette loi fondamentale* ASSURE DÉSORMAIS A LA POLOGNE UN RANG HONORABLE PARMI LES NATIONS DE L'EUROPE ; biens précieux, qu'elle a longtemps cherchés en vain au milieu des épreuves les plus cruelles.

» La carrière de vos travaux s'ouvre. Le ministre de l'intérieur vous exposera l'état actuel de l'administration du royaume : vous allez connaître les projets de loi qui doivent faire l'objet de vos délibérations.—Ils ont pour but des améliorations progressives. Celle des finances de l'Etat réclame encore des notions que le temps et une juste appréciation de vos ressources peuvent seuls fournir au gouvernement. — Le régime constitutionnel est appliqué successivement à toutes les parties de l'administration. — L'ordre judiciaire va être organisé.— Des projets de législation civile et pénale seront portés à votre connaissance. —Je me plais à croire qu'en les examinant avec une attention soutenue, *vous produirez des lois destinées à garantir les biens les plus précieux : la sûreté de vos personnes, celle de vos propriétés, et la liberté de vos opinions.*

» Ne pouvant rester toujours au milieu de vous, je vous ai laissé mon frère, mon ami intime, mon compagnon inséparable dès mes premières années. Je lui ai *confié votre armée.* — Dépositaire de mes intentions et de ma sollicitude pour vous, il s'est attaché à son propre ouvrage. — C'est par ses soins que *cette armée, déjà si riche en souvenirs glorieux et en qualités guerrières*, s'est encore enrichie depuis qu'il est à sa tête, de toutes les habitudes d'ordre et de régularité, qui ne s'acquièrent que pendant la paix, et préparent le soldat à sa véritable destination.

» *Un de vos plus dignes vétérans* me représente parmi vous. — Blanchi sous vos drapeaux, associé constamment à vos succès et à vos revers, *il n'a cessé de donner des preuves de son dévouement à la patrie.* — L'expérience a complétement justifié mon choix.

» Malgré mes efforts, peut être tous les maux dont vous avez eu à gémir ne sont-ils pas encore réparés. Telle est la nature des choses : le bien ne se fait que lentement, et la perfection demeure inaccessible à la faiblesse humaine.

» Représentants du royaume de Pologne, élevez-vous à la hauteur de votre destination. — Vous êtes appelés à donner un grand exemple à l'Europe, qui fixe ses regards sur vous.

» Prouvez à vos contemporains que *les institutions libérales*, dont on prétend confondre les principes à jamais sacrés, avec les doctrines subversives, qui ont menacé de nos jours le système social d'une catastrophe épouvantable, ne sont point un prestige dangereux, mais que, réalisées avec bonne foi, et dirigées surtout avec pureté d'intention vers un but conservateur et utile à l'humanité, elles s'allient parfaitement avec l'ordre, et produisent d'un commun accord la prospérité véritable des nations.

» C'est à vous qu'il est désormais réservé de faire preuve de cette grande et salutaire vérité ; que la concorde et l'union président donc à votre assemblée ; que la dignité, le calme et la modération caractérisent vos discussions.

» *Uniquement guidés par l'amour de votre patrie*, épurez vos opinions, *rendez-les indépendantes* de tout intérêt particulier ou exclusif, énoncez-les avec simplicité et droiture, en renonçant aux séductions qui accompagnent le plus souvent le maniement habile de la parole.

» Enfin, que le sentiment d'une amitié fraternelle, prescrit à nous tous par le divin législateur, ne vous abandonne jamais.

» C'est ainsi que votre assemblée obtiendra les suffrages de son pays, et cette estime générale, qu'une réunion semblable est faite pour commander, quand *les représentants d'une nation libre* ne dénaturent point le caractère auguste dont ils sont revêtus.

» Premiers fonctionnaires de l'Etat, sénateurs, nonces, députés, je vous ai exprimé ma pensée, je vous ai montré vos devoirs.

» Les résultats de vos travaux dans cette première assemblée m'apprendront ce que la patrie doit attendre à l'avenir de votre dévouement pour elle, comme de vos bons sentiments pour moi, et si, fidèle à mes résolutions, je puis étendre ce que j'ai déjà fait pour vous.

» Rendons grâce à celui qui seul a la puissance d'éclairer les souverains, de faire fraterniser les peuples et de répandre sur eux les dons de l'amour et de la paix.

» Invoquons-le, pour qu'il bénisse et fasse prospérer notre ouvrage.

On voit que la Pologne, même après ses revers, fut traitée comme une nation libre et indépendante. Ce droit l'a-t-elle perdu aujourd'hui? Nous ne le croyons pas — car le culte du succès, même pour certains esprits, ne peut aller jusqu'à la négation du droit.

L'opinion d'un Czar, d'un autocrate de toutes les Russies, est trop importante à connaître pour que nous nous bornions à ces citations : après tout, elle ne peut paraître suspecte de démagogie, même aux habitués de la Bourse et aux ennemis les plus déclarés des nationalités opprimées ; il nous importe donc beaucoup de les édifier à ce sujet.

La diète dont il est question suivit son cours naturel. Le 27 avril de la même année la clôture de la session fut prononcée, une députation de la Chambre des Nonces fut chargée de remettre à l'Empereur et Roi l'adresse de congé. Voici les paroles qu'il prononça à cette occasion :

« J'accepte avec émotion l'expression de vos sentiments pour moi. *J'éprouve de la reconnaissance et de l'estime pour le patriotisme dont vous avez fait preuve.* Votre bonheur, croyez-le bien, est l'unique récompense que j'ambitionne. Dites à vos collègues que tous ils me préoccupent sincèrement. *Vous avez mérité les institutions que vous avez,* et j'aurai soin de les développer encore. »

Que l'on compare ces paroles avec certaine apostrophe adressée par l'empereur Nicolas en 1833 à la municipalité de Varsovie, et l'on aura la mesure de la différence des temps et du changement survenu dans les situations (1).

La députation des Nonces fut suivie de celle du Sénat ; l'empereur Alexandre adressa (en français) à la représentation nationale réunie un discours, dont voici les passages principaux :

« *Vous avez justifié mon attente.* Les travaux de cette première assemblée, *l'esprit qui l'a animée et les résultats qu'elle a obtenus,* sont un témoignage manifeste de la pureté de vos intentions, et *méritent en tout point mon éloge et mon approbation.*

» Le royaume de Pologne aura enfin un Code criminel uniforme *et polonais.* . . . .

. . . .

» De nouvelles mesures ont complété une partie de votre Code civil, dont l'insuffisance se faisait sentir généralement. .

. . . .

» Parmi les projets de lois qui vous ont occupés, un seul n'a pas obtenu la majorité des suffrages des deux chambres. *Ce résultat, basé sur la conviction et la bonne foi, mérite mon approbation, car il révèle l'indépendance de vos opinions. Librement élus, vous deviez discuter librement.* Cette double liberté sera toujours pour moi le cachet véritable d'une représentation nationale telle que je la désirais, *et telle qu'elle*

(1) Voici quelques phrases seulement, que nous reproduisons en note, par égard pour les circonstances actuelles :

« Messieurs, c'est pour vous éviter un mensonge de plus que je repousse vos félicitations . . . . Vous avez à choisir entre deux partis : ou *persister dans vos illusions d'une Pologne indépendante,* ou vivre tranquillement et en fidèles sujets sous nos lois.

» Si vous vous obstinez à conserver *vos rêves de natio-ialité distincte, de Pologne indépendante et de toutes ces chimères,* vous ne pourrez qu'attirer sur vous de grands malheurs. J'ai fait élever ici une citadelle, et je vous déclare qu'à la moindre émeute *je ferai foudroyer la ville, et ce ne sera pas moi qui la rebâtirai.* »

*doit être, pour faire entendre par sa voix l'expression
franche et entière de l'opinion publique.* Ce n'est qu'une assemblée ainsi composée qui puisse donner au gouvernement
la certitude que les lois dont il veut doter son pays lui sont
réellement utiles et nécessaires . . . .
. . . .
. . . .

» Je suis sensible aux sentiments que vous m'exprimez.
Votre confiance est mon seul désir, votre dévouement ma
seule récompense. J'examinerai avec soin vos réclamations,
et à la prochaine session vous apprendrez, je l'espère, que
vos vœux ont été satisfaits, autant que les circonstances me
le permettront . . . .

» Polonais ! je persiste dans l'accomplissement de mes des-
seins. Mes intentions vous sont connues. En rentrant dans
vos foyers, ce témoignage vous accompagnera, que vous
avez travaillé pour le bien de vos concitoyens et *la prospérité
de votre patrie.*

» Souvenez-vous que *cette patrie, élevée au rang d'un
Etat libre et indépendant,* a les yeux fixés sur vous, même
dans le cercle de vos relations privées . . . .
. . . .
. . . .

» Représentants du royaume de Pologne ! c'est dans vos
efforts à remplir mes désirs et mes espérances que je verrai,
dans une administration toute nationale, un gage certain de
succès, jusqu'à la convocation de la diète prochaine.

» Puisse cette diète, enrichie par le fruit de vos travaux,
marcher à grands pas vers un but estimable, et préparer,
pour les générations futures, une ample moisson de sécurité,
de bonheur et de gloire ! » (1)

Ces paroles font honneur à l'homme et au souverain ; que
diront certains journaux qui, tout en faisant profession de li-
béralisme, s'acharnent à confondre l'indépendance de la Pologne avec les terreurs de la Révolution ?

____

(1) Toutes ces citations sont extraites des documents les plus authen-
tiques.

Une influence étrangère modifia, sous certains rapports, les idées constitutionnelles de l'empereur Alexandre, vers la fin de sa carrière, et le poussa vers des tentatives d'arbitraire et de réaction. — Ses sentiments pour la Pologne résistèrent néanmoins à ces nouvelles inspirations. On s'aperçoit à peine d'un léger changement de ton, dans le dernier discours qu'il prononça à l'ouverture de la diète de 1825, quelques mois avant sa mort.

Son successeur l'empereur Nicolas procéda tout autrement : dès le début de son règne, il se déclara nettement contre la politique suivie par son prédécesseur à l'égard de la Pologne ; l'incorporation des provinces russes au royaume de Pologne, tant de fois promise par l'empereur Alexandre, et sans cesse ajournée, trouva en lui un adversaire inflexible. — La Constitution elle-même ne fut, à ses yeux, qu'une menace dont il fallait se débarrasser à tout prix.

Il serait superflu de rappeler tous les empiètements qu'il fît contre ce régime constitutionnel qui répugnait à sa nature, et heurtait ses opinions.

Ces empiétements rencontrèrent une résistance opiniâtre, digne de respect et d'admiration. Il voulut briser les obstacles. — Le peuple profita de la première occasion pour courir aux armes.

Telle fut la révolution de 1830, qui n'a été qu'une protestation armée d'une nation, ayant le sentiment de son droit, contre un homme n'agissant que par le seul sentiment de sa force. Les premiers succès des Polonais les vouèrent à la vengeance du czar ; mais la Pologne vaincue, ne devait pas être traitée comme une province conquise. L'acte constitutionnel qu'elle avait défendu, existait dans toute son intégrité, — rien ne l'avait annulé, et il traçait, par lui-même, le chemin qu'on devait suivre.

L'empereur Nicolas devait oublier qu'il était autocrate de toutes les Russies, et ne se souvenir que d'une chose : c'est-à-dire que dans la question engagée avec la révolution de 1830, il n'était que roi de Pologne, en vertu d'un contrat accepté par l'Europe, et doublement obligatoire. — Le contraire arriva, et une fois entraîné dans la voie de violence et des proscriptions, il ne devait plus s'arrêter sur cette pente fatale.

On protesta en France et en Angleterre contre cette violation manifeste des traités de Vienne; en France, particulièrement, on répéta dans toutes les adresses à la couronne, de 1831 à 1848, qu'il est dans les intentions de cette puissance que *la nationalité polonaise soit sauvegardée.*

Mais ce furent, hélas, de vaines protestations. L'Empereur Nicolas passa outre, et persista pendant 25 ans, dans une des plus cruelles persécutions dont l'histoire ait jamais fait mention.

Cependant, pour conserver une apparence de légalité, il donna, en 1832, un nouveau statut organique au Royaume de Pologne, qui tout en le dépouillant de toutes ses libertés, lui conservait néanmoins quelques vestiges d'indépendance et de nationalité. Mais ce statut resta une lettre morte : on ne s'en préoccupa nullement, et l'œuvre de la dénationalisation fut poursuivie avec un acharnement impitoyable.

A l'heure qu'il est, le Royaume de Pologne n'existe plus que de nom : il est assimilé à une des provinces de l'Empire ; il ne s'agit plus ni d'une armée Polonaise, ni d'un pouvoir législatif, ni de la responsabilité des ministres, ni de l'indépendence du pouvoir judiciaire ; nul n'est à l'abri de la confiscation ou de l'exil en Sibérie.

Les libertés privées ont disparu avec les libertés publiques, la guerre se fait à l'intelligence !

Cet état de choses n'est-il pas digne d'appeler l'attention de l'Europe ?

Nous le demandons avec toute la modération que comporte un pareil sujet.

Quand on a jeté un coup d'œil sur les protocoles du congrès de Vienne, il est facile de se convaincre que les affaires qui furent traitées à Vienne, en 1814 et 1815, ne le cèdent en rien, ni par leur importance, ni par leur étendue à celles qui sont aujourd'hui en délibération au Congrès de Paris. En 1815, c'était la France qui était l'ennemi commun, en 1856 ce *devrait* être la Russie.

Or, si dans l'échafaudage qu'on a élevé *contre la France* en 1815, le sort de la Pologne a joué un rôle si important, nous ne comprenons pas comment l'Europe, après avoir retourné ses méfiances *contre la Russie*, pourrait négliger contre elle un moyen aussi puissant et aussi efficace.

Serait-ce complicité ou imprévoyance?

La Russie, en cédant sur tous les points, en acceptant des conditions qu'il est impossible de concilier avec sa politique séculaire, s'est avouée vaincue, et incapable de prolonger la lutte.

Nous ne voulons pas lui faire l'injure de douter de sa bonne foi.

Les puissances coalisées ont obtenu un succès complet, nous aimons à le constater. Cependant il est des exemples d'un succès apparent qui contenait un péril en germe!

Ce péril, est-il nécessaire de le signaler? nous croyons qu'il est tout entier dans l'abandon de la Pologne : car l'abandon de la Pologne, c'est *l'unité slave*, et là est le danger de l'avenir.

Une paix avec la Russie n'aura de valeur réelle que par son *côté Polonais* : c'est un axiome dans la diplomatie moderne qu'on ne devrait jamais oublier. — C'est donc pour assurer les bénéfices de la paix, que l'Europe devrait s'intéresser à cette question, car il est hors de doute, que plus la part qu'on fera à la Pologne sera grande, plus la paix sera consolidée.

Qu'il nous soit permis d'ajouter encore quelques réflexions destinées à compléter notre sujet.

L'opinion publique a transformé les conférences de Paris en un congrès européen (1) : on a compris que plus on avait limité le cercle de la guerre, plus on devait étendre le champ des négociations, car un différend entre les grandes puissances, quelle que soit son importance, ne pouvait (dans les circonstances actuelles) se borner à régler un fait isolé.

Tel nous semble être le sentiment général : sentiment qui se manifeste de plus en plus, et c'est à cette disposition des esprits qu'il faut attribuer l'importance secrète et pleine de

---

(1) Le *Moniteur* a confirmé cette impression en donnant lui-même le nom officiel de *Congrès de Paris* à la réunion des plénipotentiaires.

mystères, qui se rattache jusqu'à présent à la cinquième pro-
position.

L'idée d'un congrès étant admise, craindrait- on par hasard
de compromettre l'issue des négociations par des exigences
intempestives? Un congrès n'a-t-il donc pas le droit de se
saisir d'une question qui est de sa compétence et qui rentre
dans ses attributions? — Cet argument, comme on le voit,
n'est pas admissible, car un aveu de cette nature indiquerait
bien peu de confiance dans la solidité d'une paix qu'on est
cependant bien près de souscrire.

Il n'est guère dans la nature des hommes de demander
exclusivement à la guerre ce qu'il leur est possible d'obtenir
par la paix : si donc nous élevons la voix en faveur de la Pologne, pendant le cours des négociations, ce n'est ni pour jeter du trouble dans les esprits, ni pour susciter des obstacles.
—Il y a telle paix qui vaut, à nos yeux, telle mauvaise guerre,
—et il nous semble qu'un congrès siégeant à Paris sous l'influence directe et prépondérante de la France, offre tout autant de gages pour l'avenir de la nationalité polonaise, qu'une
guerre en Crimée, en Asie ou dans la mer Baltique.

Que la paix procure à la Pologne ce qu'elle a le droit d'en
attendre, et elle apportera à l'œuvre commune son tribut
d'hommage et de reconnaissance : — mais qu'on ne lui de-
mande pas des applaudissements et des réjouissances pour
un acte dont elle serait exclue ; car une éventualité semblable
la livrerait sans défense à la merci de ses ennemis.

Nous n'ignorons pas que dans un congrès, il n'y a de place
que pour les heureux de ce monde ; — c'est ainsi que se pas-
sent les choses ici-bas ! Tout se décide en faveur des forts et
des puissants, de ceux enfin qui ont peu à réclamer et rien à
désirer.

Mais ces intérêts mêmes, tout secondaires qu'ils soient en
comparaison de ceux dont nous plaidons la cause, ne dépen-
dent-ils pas en partie de principes plus élevés?

Si l'on méconnaît les droits des vaincus et des opprimés ; si
l'on repousse tous ceux qui expient dans l'exil, dans les pri-
sons ou sur leur propre sol, une fidélité sans exemple à leur
patrie, on abandonne les principes qui sont la base de toute

société, et on livre l'avenir au plus habile ou au plus entre-
prenant !

La France est, par ses traditions et par ses antécédents,
l'avocat naturel de tous les peuples opprimés. Elle n'a jamais
abandonné ses alliés, car son rôle est européen, et elle peut
dire, avec le poète, *nil humani a me alienum puto*, rien de
ce qui est européen ne m'est étranger.

Un dernier mot.

Nous nous sommes étendus sur les sentiments de l'empereur Alexandre à l'égard de la Pologne pour montrer que la
place qu'il occupait au Congrès de Vienne est vacante au Congrès de Paris !

Nous croyons peu à la prévoyance en politique ; l'intérêt
de l'avenir est rarement assez fort pour contrebalancer celui
du moment ; mais nous avons foi dans une de ces inspirations
élevées qui honorent ceux qui savent s'en saisir à propos, et
en font les arbitres des événements.

A Paris comme à Vienne, aucune voix n'oserait s'élever
contre des négociateurs qui demanderaient à la Russie,
comme base de la paix, une juste satisfaction donnée aux
droits légitimes de la Pologne. La postérité citerait leurs noms
avec enthousiasme et reconnaissance, car ce triomphe de la
justice assurerait, une fois pour toutes, le point de départ de
la politique nouvelle.

Paris, ce 12 mars 1856.

Paris.—Imprimerie E. Brière et Cᵉ, rue Ste-Anne, 55.

L'EMPEREUR
DE LA CHINE

A

LA REINE VICTOIRE

OU LES

ANGLAIS TRAITÉS COMME ILS LE MÉRITENT.

PAR

C.-A. CHAMBELLAND,

POÈTE LAURÉAT,

Auteur de plusieurs ouvrages politiques et littéraires.

PRIX : 50 CENTIMES.

PARIS

TH. PITRAT, ÉDITEUR,

9, RUE DE L'ÉPERON.

—

1841

L'EMPEREUR DE LA CHINE

A

LA REINE VICTOIRE.

Imprimerie Pommeret et Guénot, rue Mignon, 2.

L'EMPEREUR
DE LA CHINE

A

LA REINE VICTOIRE

OU LES

ANGLAIS TRAITÉS COMME ILS LE MÉRITENT.

PAR

C.-A. CHAMBELLAND,

POÈTE LAURÉAT,

Auteur de plusieurs ouvrages politiques et littéraires.

PARIS

TH. PITRAT, ÉDITEUR,

9, RUE DE L'ÉPERON.

—

1841

Chaque siècle, depuis la formation des sociétés humaines, offre, dans le nombre des collisions survenues entre les peuples, un ou deux actes d'une monstruosité exceptionelle, légués à la mémoire et au mépris de la postérité.

Aussi bien, l'époque où nous vivons, grâce à la rapacité britannique, semble-t-elle, sous ce rapport, n'avoir rien à envier aux jours qui l'ont précédée. Empoisonner une nation et lui déclarer la guerre pour la forcer à boire le breuvage mortel, voilà un genre de spéculation mercantile que l'Angleterre trouve tout simple, et ce que, sans rougir, elle ose avouer à la face de l'univers, en disant qu'ainsi l'exigent ses intérêts maritimes et commerciaux.

Certes, on a vu trop de crimes de lèze-humanité se perpétrer par la force des armes, mais en aucun temps on n'eut l'audace de porter à un si haut point le cinisme de la violence et de la cupidité réunies. Il était réservé aux marchands de Londres de se rendre coupables d'un tel forfait, qui n'est pas, au reste, le premier que l'on puisse leur reprocher, mais qui est sans contredit le plus effroyable.

Des écrivains passionnés ont publié plusieurs volumes pour énumérer les crimes des juges, des pontifes, des rois, des empereurs; il en est d'autres, et de plus grands, à mettre au jour : ce sont les crimes conçus et exécutés par les États commerçants; et alors l'auteur n'aura pas besoin d'avoir recours à la fiction ni de se montrer partial pour être dramatique.

L'abbé Raynal a déjà levé un coin du voile qui couvre tant d'atrocités par son histoire philosophique de l'établissement des Européens dans les deux Indes : mais qu'il est loin d'avoir tout raconté !

Sans remonter à tant d'actes honteux commis par les marchands de Carthage et de Tyr, sans jeter un regard affligé sur les attentats auxquels a donné lieu la rivalité des Génois, des Vénitiens et des Pisans, sans s'arrêter aux luttes sanglantes des villes anséatiques, luttes qui se sont terminées par le double incendie d'Altona sous la torche des Hambourgeois, mais à s'en tenir seulement aux excès qui appartiennent aux maîtres de la Tamise, il y a de quoi fournir assez de motifs d'indignation à l'histoire vengeresse.

C'est sous l'influence de ce sentiment et après avoir lu le flétrissant récit de l'attaque des côtes de la Chine par les vaisseaux de la reine Victoria que j'ai pris la plume, et que, m'identifiant avec le prince dont le courroux contre les Anglais est si légitime, je lui ai fait tenir le langage d'une juste et profonde irritation.

Il y aurait eu beaucoup plus à dire encore sans doute; mais, toute énergique que soit la peinture des crimes de l'Angleterre, je suis cependant resté encore bien au-dessous de celle sortie de la plume d'autres écrivains (*).

Quant au mérite de l'œuvre, je pense devoir faire remarquer au lecteur que c'est ici une lettre familière, très-familière, et l'on sait que ce genre de composition n'exige ni la hauteur du style ni la richesse de rimes indispensables dans toute poésie traitée plus classiquement. L'épître, en général, comporte et permet un certain laisser-aller, une certaine liberté de pensée et d'expression qui touchent de bien près à la négligence, et j'ai cru pouvoir user de la licence accordée dans ce cas au versificateur.

(*) Dans le milieu du dernier siècle, un publiciste (Grouber de Groubenthal) dont l'âme était ulcérée à l'aspect des iniquités de la politique anglaise et du machiavélisme de certains membres du parlement qui siège à Westminster, disait: « Si vous voyez cinq lords réunis quelque part, vous « pouvez être persuadé que vous avez devant les yeux un concussionnaire, « un faussaire, un adultère, un pédéraste, un empoisonneur, et à coup sûr « cinq ivrognes. » Ce propos est, sans nul doute, marqué au cachet de l'exagération, mais bien des procès scandaleux semblaient l'autoriser. En serait-il de même dans le siècle présent? Je l'ignore, et je souhaite que le contraire existe, pour l'honneur de la Grande-Bretagne.

L'EMPEREUR

DE LA CHINE

A

LA REINE VICTOIRE.

———

Reine des léopards qui brandissent l'épée,
Palmerston vous conseille une triste équipée !
Pour grossir vos trésors, le moyen de son choix
N'est-il pas, se ruant sur le peuple chinois,
De vouloir mettre en feu tout mon céleste empire ?
Mais ce coup de forban tient vraiment du délire !
Et pourquoi, s'il vous plaît, de si noirs attentats ?
Pourquoi lui faudrait-il ravager mes États ?
C'est que milord prétend, dans sa haute sagesse,
Rendre nul un décret que sa ruse transgresse,

Et nous vendre un poison prohibé par nos lois,
En nous riant au nez et nous disant : « Chinois,
Par mon ordre absolu l'opium mortifère
S'introduira chez vous sans obstacle, j'espère,
Et, dussiez-vous mourir jusqu'au dernier sujet,
Que vous le recevrez avec un saint respect. »

De votre mandarin, reine, c'est le langage ;
Puis, en cas de refus, il menace d'orage,
Sur nos ports innocents braque votre canon,
Et déjà vos vaisseaux viennent brûler Canton.
Se livra-t-on jamais à pareille insolence ?
Ou plutôt, disons mieux, à tant d'extravagance ?

Victoire, écoutez-moi, je parle en termes clairs,
Et n'ai point, grâce à Dieu, mon esprit à l'envers,
Bien que portant au pied le sabot en trompette
Et sur un bonnet d'or la mobile clochette ;
Bref, sous mon front plissé, dépourvu de cheveux,
Jugez, par mes raisons, si j'ai le cerveau creux.

Il est des vérités qu'on ne peut méconnaître ;
Partout on les proclame, hors à Londres peut-être,

Et la première en ligne est cette grande loi
Qui prescrit que chacun reste maître chez soi.
C'est nier le soleil que nier cet adage
Et faire au cœur humain le plus sanglant outrage,
Et je crois qu'ici-bas il n'est que Palmerston
Capable d'y répondre en prononçant un non.
Tout fier d'être inventeur de ce thème illogique
Qui, s'il n'était cruel, serait par trop comique,
Ce mandarin, madame, en despote insensé,
Pour vendre son poison devant moi s'est posé,
Et, méprisant tout haut ma céleste parole,
Il traite mon décret de dispute frivole ;
Puis, agissant chez moi comme il ferait chez lui,
Il paraît oublier qu'il est des droits d'autrui ;
Le fait est monstrueux, et c'est pourtant, princesse,
En votre nom royal que Palmerston m'oppresse,
Et que, de son pouvoir follement entêté,
Il veut mettre la Chine en sa vassalité !

Connaissez-vous ses plans ? Ah ! je ne puis le croire,
Sous un voile trompeur, confiante Victoire,
Il vous dissimula ses coupables projets
En vous montrant au loin le bien de vos sujets,
Et par l'espoir flatteur d'un juste bénéfice
Voilà comme d'un crime il vous rend la complice.

Mais si, dans votre empire, on en faisait autant?
Quels cris de la fureur poussés au parlement!
Quelle agitation sur le siége de laine!
On y déclamerait jusques à perdre haleine!
Et devant Westminster le fougueux Palmerston
Dirait qu'il faut venger la grande nation!
L'injure épuiserait tout son vocabulaire
Pour flétrir l'entreprise impie et téméraire,
Et sur le droit des gens mille commentateurs,
En citant Grotius, déploîraient leurs douleurs.
Dites-moi, parmi vous, quel monstre plus damnable,
Qu'un étranger heureux, par un calcul coupable,
De porter dans vos champs quelques loups affamés,
Menaçant de la mort les peuples alarmés?
Eh bien! de vos pavots la mortelle substance
Menace plus encor du Chinois l'existence
Que ne ferait la dent du terrible animal
Préparant à John Bull le sort le plus fatal.
Or, remplissant d'un roi le sacré ministère,
Voulant de mes sujets agir en digne père,
Par mon autorité je dus éloigner d'eux
La coupe où vous versiez tout ce suc vénéneux
Qui soudain, les privant de la raison commune,
Les jette en des écarts qui font votre fortune,

Creuse devant leurs pas un précoce tombeau,
Et sur notre pays étend un noir bandeau.
Ici parle la voix de la justice même,
Car le salut du peuple est la règle suprême :
Et qui me blâmerait, autre que Palmerston,
Quand je soustrais la Chine aux horreurs du poison?

Mais, dans votre Angleterre, on suit double mesure,
Qu'on prend ou qu'on rejette au gré de l'aventure.
Sans trop s'embarrasser si l'on est assassin,
Pourvu qu'un gain nouveau couronne le dessein,
Ses cupides marchands, que l'avarice enivre,
Vendraient pour un écu leurs pères à la livre;
Ils mettraient au creuset le sang qu'ils ont sucé
S'ils pouvaient en métal l'obtenir amassé,
Et d'un peuple imprudent ils consument les veines
Pour lui ravir son bien et lui donner des chaînes!
Mus par l'horrible soif du pouvoir et de l'or,
Tout leur semble légal pour grossir leur trésor.
Bref, l'univers entier a, selon leur chimère,
Reçu l'ordre du ciel d'être leur tributaire;
Et quand de longs profits les canaux desséchés
Les forcent à quérir d'autres filons cachés,
C'est, hélas! en touchant aux côtes de la Chine
Qu'ils ont cru découvrir l'inépuisable mine!

Certes, l'erreur est grande, et le jour est bien près
Où la fière Albion soldera ses excès.
Oui, devant Confutzé (¹), tout l'orgueil britannique
Verra subir l'affront à sa puissance inique,
Et trop d'actes honteux par le temps réunis
Sous les foudres de Fo (²) demain seront punis !
A vos agiles nefs, qui portent le tonnerre,
Nous viendrons opposer la Chine tout entière ;
Des millions de bras formeront le rempart
Qui rendra sans pouvoir les efforts de votre art,
Et si près de nos bords vous brûlez une ville,
Que nous importe à nous qui les comptons par mille !
Enfin, changeriez-vous en un affreux désert
Le quart de notre sol de guérêts tout couvert,
Que, déjà résignés à ce grand sacrifice,
Nous ne fléchirions pas devant votre injustice !
Et besoin vous sera, lassés de vos forfaits,
De fuir loin de nos eaux, flétris par l'insuccès.
Hier la trahison vous livrait une place :
Mais ce crime déjà pèse et vous embarrasse,
Et ce n'est qu'appuyés par de nouveaux renforts
Que vous avez l'espoir de régner sur nos bords.
Illusion fatale à l'éclat de vos armes !
La Chine, qui revient de premières alarmes,
Sait qu'un peuple toujours se rend victorieux
Quand il combat en masse pour ses biens et ses dieux.

Reine, la nation dont vous êtes tutrice,
Des droits les plus sacrés fut la violatrice !
A qui voudra fouiller dans les siècles passés,
Quels crimes s'offriront l'un sur l'autre entassés !
Or, de votre pays connaissez-vous l'histoire ?
Je doute, majesté, que dans votre mémoire
Vous possédiez inscrits les actes trop sanglants
Qui tachent tant de noms de vos aïeux méchants.
Mais, que dis-je ! les rois, c'est tout le peuple même
Qui se jette à plaisir dans cette voie extrême :
Chacun, grands et petits, pour augmenter son bien,
Plein d'ardeur, n'a jamais reculé devant rien.
Telle est la vérité, et dans ce jour sincère,
Reine, n'en doutez pas, bien loin que j'exagère,
Peut-être en ce récit, les traits de mon pinceau,
Seront-ils au-dessous de l'horreur du tableau.
Aux fastes assombris de la Grande-Bretagne
Est-il un seul instant qu'un forfait n'accompagne ?
Dès les règnes premiers de ses princes fangeux
Ne voit-on pas des jours de plus en plus affreux ?
De noires trahisons et d'intestines guerres ?
Des bourreaux aiguisant leurs fatals cimeterres ?
L'innocence accablée et la force aux pavois,
Et le sceptre pour prix à d'infâmes exploits ?

Puis, déroulant encor des fastes si funestes,
Nous voyons des combats livrés sans manifestes,
Les droits des nations foulés avec mépris,
Et la palme accordée aux crimes entrepris.
Vingt fois, sur l'océan, l'Anglais, comme un pirate,
Attaque des vaisseaux sans que la guerre éclate,
D'un peuple, hier ami, confisque le butin,
Et devant l'univers se flatte du larcin.
Jumonville égorgé (³) quand la paix dure encore
Atteste d'un complot que la justice abhorre,
Et Gibraltar, du haut de ses rochers aigus,
Révèle que l'honneur chez ses maîtres n'est plus.
Reine, de quelque part que nos yeux se dirigent,
Il s'offre devant eux des traits qui les affligent :
Regardez et voyez dans les pays lointains,
Vos Anglais, sans pitié, agir en souverains;
Clive, Hastings, Cornwalis, aux riverains du Gange
Imposant par le fer leur politique étrange;
D'Hyder et de Typo, Wellesley le cruel,
Foudroyant le palais qu'il disait criminel
Pour avoir abrité ces chefs pleins de vaillance
Qui d'un comptoir anglais déclinaient la puissance!
Et d'Achem au Caboul, encor d'affreuses lois
Pesant sur vingt États, grâce à vos facteurs rois!

Mais est-ce seulement au sein de la presqu'île
Que, dans ses derniers jours, l'Angleterre, docile
Aux inspirations d'un esprit infernal,
A suivi ce système et lâche et déloyal?
Qui pourrait oublier de Toulon l'incendie?
Et devant Copenhague une autre perfidie
Dont a frémi l'Europe et dont le souvenir
Devra se conserver dans un long avenir?
Et Parga, ville sainte, hélas! trop confiante,
Qui crut à vos serments, et dont l'indigne vente
Livra ses habitants aux Turcs furieux
En échange de l'or, fruit d'un marché honteux!
Et sous nos yeux enfin, au fond de l'Algérie,
En secret de l'Arabe allumant la furie,
Ne l'excitez-vous pas pour forcer les Français
A ne profiter point de leurs brillants succès?

Reine, quand je dis vous dans ces récits sinistres,
Je dis de vos aïeux ou bien de vos ministres.
Mais des princes tel est le sort trop malheureux,
Qu'ils répondent souvent de ce qui n'est pas d'eux.
Ainsi, pardonnez donc à ma rude franchise.
Mais au céleste empire aucun mot ne déguise
A qui tient le pouvoir, les abus qu'on en fit,
Et le droit de parler n'est jamais interdit.

Ainsi, je continue, et, dussiez-vous vous plaindre,
Je n'aurai point recours au servile art de feindre,
Et ma main soulevant tout ce voile odieux
A la fois vengera les hommes et les cieux.

Au vif amour de l'or vous joignez les vengeances !
Malheur à qui prétend réprimer vos licences !
Il verra contre lui tourner votre fureur,
Et vous n'hésitez pas à le percer au cœur.
Un guerrier apparut dont les calculs intimes
Voulaient à l'Angleterre arracher ses victimes (4),
Briser d'un coup heureux son fier sceptre des mers
Et rendre le trafic libre dans l'univers ;
Mais le destin trompeur, fatigué de sa gloire,
En revers transforma l'éclat de sa victoire,
Et soudain lui fit perdre au milieu des frimats,
Sans tacher son renom, tout le fruit des combats.
D'ennemis conjurés évitant la furie,
Il lui fallut s'enfuir du sol de la patrie,
Et croyant de l'Anglais la générosité,
Sans crainte il réclama son hospitalité.
Jugeant trop bien de vous, il pensait que la guerre
Ne rompt pas tout lien dans la nature entière ;
Mais il ne savait pas que vos cœurs desséchés
Par l'aspect du malheur ne sont jamais touchés,

Et que, si vous tendez une main secourable,
C'est dans l'espoir secret d'un retour profitable.
On lui promit l'asile, et, manquant à la foi,
D'un prisonnier coupable on lui dicta la loi !
Aujourd'hui, du guerrier vous rendez la dépouille ;
Mais est-ce bien laver la tache qui vous souille,
Et les restes muets du prisonnier fameux
Ne nous cachent-ils pas un marché ténébreux ?
Vos dons furent toujours dangereux pour la France :
Celui-ci doit sur vous doubler sa vigilance.
L'Espagne de ses mains se déchire le flanc :
C'est vous qui l'excitez à s'arroser de sang.
La discorde se lève en la Lusitanie,
Vite, vous en servant pour votre tyrannie,
Aux enfants d'Albuquerque, aux neveux de Vasco
Par vos ordres la guerre a creusé le tombeau.
Au Croissant vous donnez des conseils téméraires
Pour dominer l'Égypte, y planter vos bannières,
Et voulant commander au sein de l'Archipel
Aux traîtres passions vous faites un appel,
Tandis que vous ouvrez au sein de la Sicile
A des machinateurs quelque chemin facile,
Et que sur vos projets, sans cesse ambitieux,
Vous fascinez la France et lui fermez les yeux.
Et chez vous, l'Irlandais, courbé sous la misère,
De ses pleurs n'a-t-il pas cent fois mouillé la terre,

Alors qu'au Canada le sang rougit le sol
Et que de vos agents rien n'y punit le vol?

Mais je vois arriver le jour de la justice.
Las d'être le jouet d'un cupide caprice,
Les enfants de Brama refuseront leurs sueurs
Aux ordres inhumains de marchands oppresseurs.
Le Canada, suivant un exemple admirable,
Échappera peut-être à la main qui l'accable,
Et dans ses rangs armés un nouveau Washington
Surgira-t-il aux cris que fait sa nation.
L'Irlandais va reprendre avec sa liberté
Et sa religion et sa prospérité.
Les descendants du Cid, rompant un pacte indigne,
Vous feront payer cher la trahison insigne
Qui deux fois en vos mains a mis leur triste sort!
Et les peuples partout reconnaissant le tort
Dans vos traités trompeurs d'avoir eu confiance
Reprendront et leur gloire et leur indépendance.

Vous riez, majesté, de ce sombre avenir,
Et ces prédictions semblent vous divertir!
Tant de revers sont loin, dites-vous en vous-même.
Eh bien! écoutez donc, voici l'ordre suprême,

Ordre juste et qui frappe où vous avez failli,
Ordre qui, grâce au ciel, demain sera rempli,
Non pour tous vos méfaits, mais en ce qui concerne
Et mon peuple et celui que votre main gouverne :
Oui, mille et mille fois, dussiez-vous me honnir,
C'est par où vous péchez que je veux vous punir !
Car c'est en vous privant des profits du commerce
Que pleinement sur vous la vengeance s'exerce.
Reine, désormais, quand votre majesté,
Avec son cher époux, voudra prendre le thé,
Elle ira déjeuner chez le czar de Russie ;
Ou si, poussée encor par même fantaisie,
Il lui faut ce plaisir, c'est chez l'Américain,
Mon ami tout nouveau, mon allié demain,
Qu'elle devra chercher l'appétissant breuvage,
Car de votre commerce il aura l'héritage.
Oui, de l'arbuste vert la feuille d'un grand prix
Cessera d'aborder chez vos sujets surpris,
Et d'un nectar divin et d'un négoce immense
A la fois vous devrez perdre la jouissance,
Vous contentant, hélas ! d'avaler le porter
En maudissant les coups de ce siècle de fer.
O jours de désespoir ! quoi, deux privations !
Perdre le goût du thé, plus trois cents millions (⁵) !
John Bull, privé de sens, finira par se pendre,
Et le spleen, sur son île, en linceul va s'étendre.

Un Anglais vivrait-il sans argent et sans thé !
Ah ! comme Palmerston de la postérité
Recevra pour sa faute un jugement sévère !
A ses concitoyens il donne la misère,
Et dans leur estomac ouvrant un vide affreux
Il n'a que l'opium pour remplir un tel creux !

Mais là ne finit point ce pénible chapitre :
Vous aurez des regrets, madame, à plus d'un titre ;
Votre trône, Victoire, atteint par le malheur,
Semblera chaque jour perdre de sa splendeur.
Reine, pour vos joyaux plus de ces riches coffres
Où de vos aldermen vous renfermez les offres ;
Le vieux laque aura fui ; tous les magots dorés
Peupleront d'autres murs qui s'en seront parés ;
Le vase transparent, inimitable argile,
Avec art façonné, superbe, mais fragile,
Délaissant vos salons, ira montrer ailleurs
Un parterre émaillé de mille et mille fleurs ;
Et le pékin soyeux, à la teinte éclatante,
Ornement magnifique et dont l'aspect enchante
Quand ses plis ondulés simulent des flots d'or,
Ne tapissera plus les lambris de Windsor.
Plus de bois précieux, plus de parfums suaves,
Plus d'écorce tissue, et mille autres entraves,

Du luxe britannique alarmant les besoins,
Signaleront bientôt le défaut de vos soins.
Aussi, pourquoi, madame, à la Chine indignée
Chercher une querelle en tous lieux condamnée ?
Avez-vous oublié que vos arts si brillants
Nous les possédons tous par-delà trois mille ans,
Et que, par leur emprunt, votre ingrate patrie
A fondé le succès de sa vaste industrie ?
A qui de s'enrichir on ravit le secret
Devrait-on pour paiement préparer un forfait ?

Au reste, vain discours ! la Chine et l'Angleterre
Ont rompu tout lien à la voix de la guerre !
Reine, votre ministre aurait fait cent fois mieux
D'être juste à Canton. Plus tranquille tous deux,
Vous du plus tendre hymen vous goûteriez les charmes,
Et moi j'éviterais tout le fracas des armes,
Pour gouverner Jonh Bull vous feriez des enfants,
Et moi j'endormirais mon chef chargé des ans.

NOTES.

—

(¹) Plusieurs auteurs qui ont traité de l'Empire chinois écrivent *Confutzée*, d'autres *Confutzé* : j'ai choisi ce dernier nom, comme plus poétique.

(²) Il y a des missionnaires qui écrivent *Foë*, d'autres *Fo* : j'ai cru devoir employer le mot le plus facile à prononcer.

(³) Au dernier siècle, lors des hostilités de l'Acadie et du Canada, Jumonville, officier français, fut massacré par les troupes anglaises avant toute déclaration de guerre.

(⁴) Les malheureux Grecs de Parga ont été vendus à deniers comptants par le gouvernement britannique au gouvernement turc, et toute la chrétienté a crié anathème contre cet acte inqualifiable.

(⁵) Le commerce du thé rapporte trois ou quatre cents millions de bénéfice à l'Angleterre, et celui de l'opium au moins la moitié de cette somme immense. C'est pour maintenir ce trafic que le cabinet de Saint-James fait la guerre, s'embarrassant très-peu d'empoisonner deux ou trois millions de Chinois par chaque année.